VENTE

des Mercredi 8 et Jeudi 9 Novembre 1911

HOTEL DROUOT — SALLE N° 1

A 2 HEURES

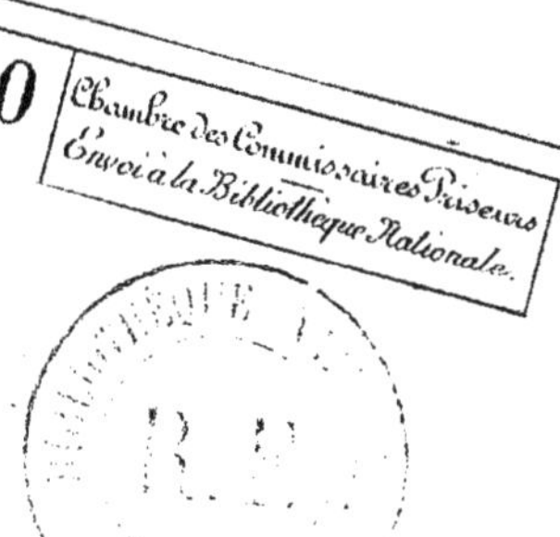

TABLEAUX ANCIENS

PASTELS, DESSINS, GRAVURES

OBJETS D'ART

ET

D'AMEUBLEMENT

Me Robert BIGNON

COMMISSAIRE-PRISEUR

M. Arthur BLOCHE

EXPERT PRÈS LA COUR D'APPEL

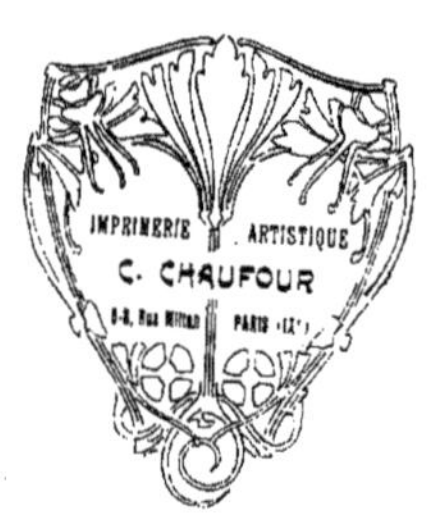
IMPRIMERIE ARTISTIQUE
C. CHAUFOUR
PARIS

CATALOGUE

DES

TABLEAUX ANCIENS

des Ecoles

Française, Flamande, Anglaise et Italienne

PASTELS, DESSINS, GRAVURES, MINIATURES

OBJETS D'ART & DE CURIOSITÉ

Porcelaines, Faiences anciennes, Bronzes, Sculptures

Dentelles, Guipures

Filets, Fourrures, Argenterie, Bijoux

MEUBLES ANCIENS & DE STYLE

Tapisseries, Tapis, Etoffes

DONT LA VENTE AUX ENCHÈRES PUBLIQUES AURA LIEU

HOTEL DROUOT — SALLE N° 1

Les Mercredi 8 et Jeudi 9 Novembre 1911

A DEUX HEURES

Me Robert BIGNON
COMMISSAIRE-PRISEUR
41, Rue de la Victoire

M. Arthur BLOCHE
EXPERT PRÈS LA COUR D'APPEL
21, Boulevard Haussmann

EXPOSITION PUBLIQUE

Le Mardi 7 Novembre 1911, de 2 heures à 6 heures

CONDITIONS DE LA VENTE

La vente sera faite expressément au comptant.

Les acquéreurs paieront *dix pour cent* en sus des enchères.

L'exposition mettant le public à même de se rendre compte de la nature et de l'état des objets, aucune réclamation ne sera admise une fois l'adjudication prononcée.

DÉSIGNATION

MEUBLES

1 — Meuble de salon composé d'un canapé, deux fauteuils et deux chaises en bois sculpté couverts en lampas fond vert, dessin blanc. Style Louis XV.

2 — Deux chaises en bois sculpté, dessin à rocailles fleuronnées, couvertes en même lampas. Style Louis XV.

3 — Lit de repos en bois sculpté style Louis XV, coussins et dessus en panne verte.

4 — Petit paravent triptyque en bois doré avec gravures. Style Louis XVI.

5 — Porte-manteau à fond de glace, en bois laqué blanc.

6 — Crédence en bois sculpté, décor dans le goût de la Renaissance, à figure d'enfant et rinceaux feuillagés.

7 — Deux chaises légères bois sculpté et doré, avec coussin et têtière en soie brochée. Style Louis XVI.

8 — Petite table rectangulaire en bois de luxe ornée de bronzes, dessus en brèche d'Alep. Style Louis XVI.

9 — Console avec trumeau en bois doré. Style Louis XVI.

10 — Petit meuble ouvrant à une porte, en bois de violette ornée de bronzes avec panneau, décor au vernis Martin orné de bronzes style Louis XV.

11 — Petit canapé en bois sculpté et doré, foncé de canne, avec têtière et coussin en soie brochée. Style Louis XVI.

12 — Petit miroir triptyque en métal argenté, glaces biseautées.

13 — Jardinière de même style.

14 — Six fauteuils dorés et sculptés, époque Louis XVI.

15 — Six chaises anglaises acajou. Epoque Louis XIV.

16 — Quatre chaises anglaises acajou. Epoque Louis XIV.

17 — Deux fauteuils dorés et sculptés, couverts damas jaune. Epoque Louis XV.

18 — Six chaises sculptés. Epoque Louis XIII.

19 — Six fauteuils sculptés. Epoque Louis XIII.

20 — Petit bureau bois de rose et marqueterie, à trois tiroirs. Epoque Louis XV.

21 — Petite table acajou et bronze, dessus marbre avec tiroir. Epoque Louis XVI.

22 — Petite banquette pieds sculptés. Epoque Louis XV.

23 — Table carrée. Epoque Louis XVI.

24 — Table à volets époque Louis XVI.

25 — Chaise-longue laquée et dorée, cannée, avec coussins en soierie.

26 — Table à ouvrage en marqueterie de bois, ornée de bronzes. Style Louis XV.

27 — Petit meuble de style Louis XVI s'ouvrant à un volet, dessus en marbre.

28 — Trumeau Louis XIV.

29 — Meuble de salon style Louis XIV composé d'un canapé et quatre fauteuils en tapisserie d'Aubusson à fleurs sur contrefond bleu. Bois sculptés et dorés.

30 — Grand cadre Louis XIV bois sculpté.

31 — Deux vitraux : Mercure et la Fortune.

32 — Ameublement de salle à manger en noyer ciré sculpté style Renaissance, composé d'un buffet à six portes, d'une desserte dessus marbre rose, d'une table à trois rallonges et de six chaises couvertes en cuir frappé.

33 — Chaise noyer garnie peluche rose.

34 — Table art nouveau à deux tiroirs.

25 — Fauteuil de coin peluche verte.]

36 — Fauteuil noyer sculpté recouvert de soie brochée à fleurs.

37 — Deux chaises noyer sculpté recouvertes de soie brochée à flenrs.

38 — Bidet noyer ciré.

39 — Meuble japonais bois noir laque et incrustations ivoire et nacre.

40 — Ameublement de chambre à coucher en noyer sculpté frisé style Louis XV, composé d'un lit de milieu, d'une armoire à glace à deux portes, deux tables de nuit et de la literie.

41 — Coffre à bois breton laqué blanc.

42 — Chaise garnie soie brochée rose à fleurs avec housse.

43 — Secretaire palissandre et marqueterie.

44 — Colonne en bois garnie d'étoffe.

45 — Jardinière bambou, porcelaine décorée.

46 — Paravent trois feuilles, tapisserie et drap rouge.

47 — Piano Gaveau quart de queue laqué blanc avec filets or, avec son dessus velours bleu brodé à fleurs avec passementeries.

48 — Table noyer avec dessus peluche rose.

49 — Guéridon turc avec incrustations nacre et ivoire.

50 — Guéridon cuivre ciselé avec plateau en porcelaine décorée en bleu.

51 — Grande glace, cadre en peluche.

52 — Table laqué blanc, dessus marbre rose.

53 — Table bois blanc, toile cirée.

54 — Chaise Louis XV bois doré recouverte de tapisserie.

55 — Salon style Louis XVI en bois doré recouvert de soierie avec application velours de Gênes, composé d'un canapé, deux fauteuils et deux chaises, avec ses housses.

56 — Tabouret de travail oriental.

57 – Grand tabouret incrusté de nacre, travail oriental.

58 — Ecran de cheminée cuivre doré.

59 — Petit guéridon Louis XV vitrine forme cœur.

60 — Etagère avec glaces, genre Maple.

ARGENTERIE, BIJOUX

61 — Garniture de toilette montée en argent, décor style Louis XV, composée de dix pièces.

61 *bis* — Six couverts à dessert.

62 — Six grandes cuillères.

63 — Cinq fourchettes métal argenté.

64 — Seize petits couteaux à dessert en argent.

65 — Douze grands couteaux, manches argent.

66 — Cinq couverts métal argenté.

67 — Pelle à tarte métal argenté.

68 — Couvert à salade en métal argenté.

69 — Six couverts en argent.

70 — Bague marquise or ornée de brillants, monture en or.

71 — Canne, pomme en or.

72 — Collier de chien en corail.

73 — Deux peignes Empire en acier.

74 — Collier en argent avec pendentif et trois capucines.

75 — Trois plaquettes en argent, sujets religieux.

76 — Eventail en soie noire brodée à fleurs.

77 — Coquetier avec sa cuillère en argent guilloché.

78 — Rond de serviette en argent guilloché.

79 — Service à découper et manche à gigot, garniture argent.

80 — Cuillère à bouillie pour enfant en ivoire et argent.

81 — Hochet ivoire et argent.

82 — Chaîne de montre en argent doré avec coulants.

83 — Paire boucles d'oreilles et bague d'enfant, or, turquoise et perles.

84 — Miroir avec cadre en bronze émaillé.

85 — Chaîne de col avec médaille en argent doré.

PORCELAINES, FAIENCES

86 — Soupière en faïence d'Alcora Louis XVI, décors à fleurs.

87 — Soupière japonaise de couleur rouge, époque Louis XIV.

88 — Plat en faïence d'Alcora, décors à fleurs et personnages.

89 — Potiche espagnole à reflets métalliques.

90 — Deux petits plats hispano-arabes à reflets métalliques.

91 — Grand plat hispano-arabe à reflets métalliques.

92 — Deux bols hispano-arabes à reflets métalliques.

93 — Deux autres bols semblables.

94 — Jardinière ronde en porcelaine de Limoges, décor style Louis XVI.

95 — Dix-neuf plats et assiettes de diverses faïences et porceloines françaises.

BRONZES, SCULPTURES

96 — Plaque gréco-russe en cuivre et émail, représentant le Christ tenant le globe du monde, XVIe siècle.

97 — Plaquette en émail représentant une scène de l'Adoration de l'Enfant Jésus. XVIe siècle.

98 — Deux Christ, dont un incomplet, en cuivre partie émaillé et champlevé, attribués au XIIIe siècle.

99 — Plaque en émail de Limoges représentant Vulcain forgeant les traits de l'Amour. Style XVIe siècle,

100 — Reproduction en bois et plâtre de la Cathédrale de Burgos.

101 — Lampe en bronze empire.

102 — Quatre cadres sculptés en ébène.

103 — Trois médaillons, bois sculpté, personnages époque Louis XIV.

104 — Brasero en bronze, Louis XIII.

105 — Vierge polychromée, pierre sculptée, XVIe siècle.

106 — Trois sirènes ailées, bois doré et sculpté empire.

107 — Pendule marbre noir avec sujet bronze signé DUMEIGE et deux candélabres en bronze.

108 — Garniture de cheminée en cuivre composé d'une galerie, deux chenets, un porte-pelle, une pelle et pincette.

109 — Deux appliques électriques cuivre, trois lumières.

110 — Colonne marbre et cuivre.

111 — Deux porte-lampes, composition bronzée.

112 — Argentière de fantaisie.

113 — Lustre électrique douze lumières.

114 — Deux colonnes onyx et cuivre.

115 — Deux lampes à pétrole avec pied onyx, garnis cuivre.

116 — Statuette bronze sur socle représentant « l'Abondance »,

117 — Statue bronze sur socle représentant une danseuse. Signée Félix Charpentier.

118 — Statuette bronze sur socle, représentant la Fortune. Signée : Augé.

119 — Bronze représentant deux lévriers debout. Signé : Saimson.

120 — Buste en terre cuite : Egyptien, Signé : Leroux.

121 — Jardinière cuivre et marbre.

122 — Brûle parfum bronze.

123 — Suspension à gaz en bronze à huit lumières.

124 — Abatjour porcelaine bleue garni cuivre.

125 — Garniture de cheminée composée d'une pendule avec sujet bronze « Fantassin ». Signé Marioton et deux coupes bronze.

126 — Groupe en porcelaine allemande.

127 — Objets d'art de vitrine : assiettes anciennes et modernes, de diverses fabriques.

128 — Statuette en terre cuite.

129 — Statuette en marbre : Petite fille d'après Falconet.

130 — Petit lustre en cristaux.

131 — Grand vase en cuivre avec anses.

132 — Paire de cassolettes en bronze et émail cloisonné.

133 — Paire de flambeaux en bronze argenté.

134 — Paire étincelles, forme éventail en cuivre ajouré.

135 — Galerie de foyer en cuivre.

136 — Pendule religieuse en bois, orné de de bronze.

137 — Petit brûle-parfums en bronze.

138 — Cartel en bronze doré et ciselé de style Louis XVI.

139 — Écran en toile métallique et bronze style Louis XV.

140 — Devant de feu en bronze doré, figurines d'enfants sur rocailles.

141 — Plafonnier à électricité en cristal taillé et bronze.

142 — Lampe électrique : groupe en biscuit sous un bosquet.

143 — Deux seaux à rafraîchir en métal argenté.

144 — Lampe électrique formée par un groupe en biscuit.

145 — Petit buste en marbre : *la Rieuse*. signé : BARTH.

146 — Petit groupe de deux personnages, bronze d'Extrême-Orient.

147 — Statuette Cambodgienne. Personnage s'appuyant sur un baton, bronze doré et ancien.

148 — Statue en marbre blanc et polychrome : La Vénus de Milo.

149 — Paire de vases avec couvercles de Chine, décor dans le goût de la famille verte.

150 — Deux potiches de Chine, décor polychrome.

151 — Paire de petits vases de Chine, décor paysages.

152 — Deux vases de Chine, décor en bleu sur blanc.

153-158 — Diverses pièces de l'Extrême-Orient à décors variés.

159 — Glace algérienne biseautée cadre peint.

160 — Lampe à gaz euivre avec applique.

161 — Vase cristal.

162 — Deux chenêts cuivre, sujet enfants.

163 — Plateau en cuivre, sujet chinois.

164 — Grande glace, cadre blanc.

165 — Pièces de Narghuilé en émail de la Perse.

166 — Pièces cuivre persan.

167 — Pièces faïence persane.

168 — Coffret en nacre, travail oriental.

169 — Miroir persan, travail mosaïque.

170 — Dessus de cheminée brodé, Oriental.

171 — Livre avec reliure et enluminure, galerie de Florence.

FOURRURES, DENTELLES

TAPIS, TENTURES

172-173 — Deux éloles composées de deux renards sika.

174-175 — Deux étoles composées de deux renards sika.

176 — Vingt-quatre pièces en dentelle et filet : chemins de table, bandes, entre-deux, etc.

177 — Grand couvre-lit en filet.

178 — Grand couvre-lit en filet.

179 — Grand couvre-lit en filet.

180 — Couverture Louis XV en soie verte.

181 — Dessus de banquette en tapisserie au point à fleurs et feuillages.

182 — Lot de dentelle et tulle.

183 — Manteau de fourrure.

184 — Châle crêpe de Chine.

185 — Lot franges de soie.

186 — Trois pièces étoffe brochée, fond rouge, blanc et vert.

187 — Lot de dentelles et broderies.

188 — Tapis de soie, de prière, à décor polychrome sur fond vert.

189 — Beau panneau de tenture en soie gros bleu, orné de riches broderies dorées, de soie, représentant une scène allégorique composée de trois personnages, femmes, guerrier et philosophe, avec ibis. — Travail japonais.

190 — Tapis ancien d'Orient, fond bleu à petits dessins, bordure fond rouge.

191 — Rideaux et garniture de fenêtre en toile de Jouy. Epoque Louis XVI.

192 — Plusieurs pièces en toile de Jouy pour garnitures de meubles.

193 — Tapis Aubusson fond marron. Empire.

194 — Dossier de canapé et douze dessus de chaises en Aubusson à personnages et fleurs.

195 — Morceau de brocart rouge et blanc Louis XIV.

196 — Morceau damas rouge Louis XV.

197 — Couverture Louis XIV en damas rouge.

198 — Deux coussins feutre vert brodés « tête de femme ».

199 — Coussin satin vert.

200 — Deux coussins soie blanche brodée « oiseaux ».

201 — Coussin peluche ouverte et passementeries « armes ».

202 — Coussin de pied moquette.

203 — Trois traversins satin rose.

204 — Descente de lit.

205 — Deux draps.

206 — Trois coussins velours frappé.

207 — Trois coussins divers.

208 — Tapis de soie 3 m. × 2m.

209 — Tapis de prière d'Anatolie.

210 — Tapis galeries persan Shoumak.

211 — Tapis galeries persan Shoumak.

212 — Tapis de Boukara.

213 — Tapis de Perse.

214 — Tapis de Perse.

215 — Tapis de Perse.

TABLEAUX

216 — ALLEGRI dit le CORRÈGE (D'après). Le Sommeil d'Antiope.

217 — BEECHEY (GUILLAUME). Portrait d'homme à lunettes.

218 — BOILLY (Attribué à). Portrait de femme. Cadre ancien.

219 — BONINGTON. Aquarelle.

220 — CHARDIN (Ecole de). Deux natures mortes.

221 — COSWAY (Attribué à). Portrait d'homme forme ovale dans un cadre carré.

222 — DAUBIGNY (Attribué à). Paysage.

223 — DETROY (Attribué à). Portrait de femme.

224 — DROUAIS (Ecole de). Petit pastel.

225 — DUPLESSIS. Portrait de femme en chemisette blanche regardant presque de face, représentée à mi-corps.

226 — DUPRÉ (Attribué à). Paysage. Cadre bois sculpté 1830.

227 — FLERS (Ecole de). Marine.

228 — FROMENTIN (Attribué à). Etude de Turc.

229 — GÉRARD (B.). Petit enfant en costume de militaire.

230 — GREUZE (D'après), La Cruche cassée.

231 — GUARDI (Attribué à). Paysage d'Italie.

232 — HEINSIUS. Portrait de femme, corsage bleu, forme ovale.

233 — HOGDACOOTAR (Attribué à). Basse-cour.

234 — ISABEY (Attribué à). Portrait de femme.

235 — JORDAENS (JACQUES). La jeune fille au perroquet.

236 — KŒDYK (NICOLAS). Scène d'intérieur.

237 — LENOIR. Portrait de gentilhomme en armure. Frand et beau tableau.

238 — LÉANDRE. « Nous attrapons l'Préfet. Nous lui disons son fait ». Dessin, signé.

239 — MIGNARD (Attribué à). Portrait de Mme la comtesse de Montbartier.

240 — OSTADE (ISAAC). L'Échoppe du savetier.

241 — MINLCK (RAPHAEL) (Att. à). Portrait de femme.

242 — ROSLIN. Portrait de femme.

243 — TOURNIÈRE (Attribué à). Portrait de femme.

244 — VERNET (HORACE). Cavalier dans un paysage montagneux.

245 — VESTIER (École de). Portrait de femme.

246 — VESTIER (École de). Portrait de femme. Pastel.

247 — VEYRASSAT (Attribué à). Paysage.

248 — ZIEM (École de). Marine.

249 — ÉCOLE ANGLAISE. Petit enfant en costume rouge.

250 — ÉCOLE ANGLAISE. Intérieur.

251 — ÉCOLE ANCIENNE. La Marchande d'œufs et le Marchand de poissons. Cadres bois noir guillochés.

252 — ÉCOLE ANCIENNE. Portrait d'homme.

253 — ÉCOLE ESPAGNOLE XVIIe SIÈCLE. Saint Joseph, XVIIe siècle.

254 — ÉCOLE FLAMANDE. Scène d'intérieur.

255 — ÉCOLE FLAMANDE XVIe SIÈCLE. La Vierge.

256 — ÉCOLE FRANÇAISE. Chats jouant. Signé S. E. L. Cadre bois sculpté.

257 — ÉCOLE FRANÇAISE. Paysage.

258 — ÉCOLE FRANÇAISE. Portrait ovale d'homme Louis XIII.

259 — ÉCOLE FRANÇAISE. Amours. Petit pastel.

260 — ÉCOLE FRANÇAISE. Portrait d'homme ovale Louis XIII.

261 — ÉCOLE FRANÇAISE. Jeune fille. Pastel.

262 — ÉCOLE FRANÇAISE. Paysage. Pastel ovale.

263 — ÉCOLE FRANÇAISE. Portrait de femme. Pastel. XVIIIe siècle.

264 — ÉCOLE FRANÇAISE. Petite femme. Pastel. XVIIIe siècle.

265 — ÉCOLE FRANÇAISE. Chien.

266 — ÉCOLE ITALIENNE. St Joseph et l'enfant Jésus. XVIIe siècle.

267 — ÉCOLE 1830. Paysage.

268 — ÉCOLE 1830. Paysage.

269 — ÉCOLE 1830. Paysage.

270 — ÉCOLE 1830. Paysage.

271 — ÉCOLES DIVERSES. Huit pièces : tableaux, aquarelles, gravures.

GRAVURES

272 — AUBRY (D'après). Les adieux de la nourrice. Gravure en couleur.

273 — DAUPHIN (Eugène). Etang du moulin.

274 — DAUPHIN (Louis). Moulin au soleil.

275 — FRAIPONT. Chantecler.

276 — LUIGINI. Canal en Hollande. Eau-forte.

277 — MALLOUÉ. Barques à Barfleur.

278 — ROUSSEAU. Les Chats.

279 — SAMANOS. Colonnades au parc Monceau.

280 — SAMANOS. Les Cygnes.

281 — VERNET (D'après CARLE). Le Départ. Gravure en couleur. Gravée par JAZET.

282 — Lot de gravures.

283 — Deux albums de croquis.

284 — Trois petites gravures de mode encadrées.

285 — Gravure en noir représentant un bal à Versailles.

286 — Gravure sous verre : Angélus, de MILLET.

287 — Gravure : Marie-Antoinette et ses enfants.

288 — Trois aquarelles, paysages.

289 — Objets non catalogués.

www.ingramcontent.com/pod-product-compliance
Ingram Content Group UK Ltd.
Pitfield, Milton Keynes, MK11 3LW, UK
UKHW021110270726
13993UKWH00006B/1998

9 782329 542775